QUELQUES VÉRITÉS

AUX CHEFS

DES LIBÉRAUX;

PAR UN AMI

DU ROI

ET DE LA CHARTE.

1821.

QUELQUES VÉRITÉS

AUX CHEFS DES LIBÉRAUX.

L'INTITULÉ de cet Écrit indique assez que je n'entends nullement parler de toutes les personnes désignées en général sous la dénomination de Libéraux; il en est, je me plais à le dire, de fort honnêtes, mais qui, aveuglés sur leurs propres intérêts, suivent, sans le savoir, la bannière de la Faction Jacobine. Certains riches de ce nombre veulent sincèrement la Légitimité, la Charte; mais ils voudraient plier nos Lois suivant leur manière de voir, toujours en rapport avec leurs intérêts et leur amour-propre : ils aiment, à leur guise, l'égalité des droits, c'est-à-dire qu'ils veulent niveler tout ce qui est au-dessus d'eux, n'entendant nullement descendre au niveau de ceux qui sont au-dessous. D'autres, dupes de leur inexpérience et de leur défaut de lumières, pensent qu'il ne peut y avoir de stabilité dans nos nouvelles institutions, qu'en suivant la marche dictée par les doctrines de nos anciens Révolutionnaires; s'imaginent, parcequ'on ne cesse de le leur répéter,

(4)

qu'il n'y a qu'eux qui sachent gouverner et admi-
nistrer, que toute personne qui n'a point figuré dans
la Révolution, n'est pas à la hauteur de notre siècle,
et ne peut qu'avoir, par ses principes, une grande
tendance au retour de notre ancien ordre des choses.
Je ne m'adresse donc qu'aux Chefs d'une Faction qui,
sous les formes masquées du bien public, ne cherche qu'à
bouleverser, anéantir nos Institutions présentes, pour
faire tourner à leur seul profit tous les avantages qu'ils se
promettent d'un tel changement. Que leur importe que le
Commerce fleurisse; que des milliers de bras soient dans la
misère faute de travail. Que leur fait à eux que l'Agricul-
teur nourricier des peuples, meure de faim dans une stérile
abondance (1). Les guerres, les meurtres, les incendies,
le pillage, ce n'est qu'un jeu pour eux ; tout cela est
nécessaire pour servir leur infernale ambition. Venez

―――――――――

(1) On a avancé dans la Minerve, que le seul moyen d'augmenter le nombre d'Electeurs, était d'augmenter les impôts ;
que cela était nécessaire. Dans la séance de la Chambre des
Députés du 15 février dernier, un Membre qui n'est pas du
côté droit a dit, que les quatorze millions dont les contribu-
tions doivent être dégrevées, devaient servir à payer les recon-
naissances des liquidations : qu'en diminuant l'impôt foncier,
on diminue le nombre des Electeurs. Bons Propriétaires libéraux,
servez-vous de tous les moyens d'influence que vous pouvez
avoir, pour élire des Députés qui n'ont point de garantie fon-
cière. Soignez, améliorez vos terres : le fruit de vos épargnes,
de votre industrie, de vos soins, servira pour avoir quelques
Electeurs de plus ; vos fonds seront hypothéqués sur la liberté,
l'égalité et la guillotine, en attendant qu'ils soient mis à la
disposition d'un ou plusieurs tyrans.

tous, dupes de leurs promesses, vous incorporer dans leurs rangs ; venez servir leurs projets désorganisateurs ; contribuez de tous vos moyens à renverser notre édifice social, pour faire hommage des décombres à nos Catilina modernes.

Nos dernières Elections ont bien décélé (si déjà on n'était éclairé sur le but de leurs projets) à quoi tendent leurs promesses ; car, suivant les moyens dont on se sert pour faire réussir une action, on peut juger du but de cette action. Les moyens, personne ne les ignore ; ils ont été assez ostensibles. On connaît toutes les basses menées, les calomnies atroces prodiguées aux Candidats royalistes, dont le dévoûment au Roi et à la Charte sont certains. L'or, l'argent ont été donnés avec profusion, pour séduire les paisibles habitans des campagnes : certains ont été voiturés, et pour la première fois ils ont joui, dans des Calèches bien suspendues, des commodités que procure la fortune ; on leur a promis, s'ils votaient dans le sens libéral, les mêmes jouissances. D'autres ont été ébergés, logés et nourris avec prodigalité. On a vu sous le portique des assemblées, des Jeunes gens imberbes arrêter les Electeurs pour les séduire, dire aux Ménagers des campagnes, que s'ils donnaient leur voix à un Noble, la *Dîme* et les *Droits féodaux* allaient être rétablis ; débiter contre les Candidats non titrés, toutes sortes de calomnies sur leur vie privée. Le public a été témoin de ces scènes indécentes : je ne crains point d'être démenti ; mais suivant leur système, la réussite valide les moyens.

Prenez y garde, la réussite des moyens réprouvés par l'honneur et basés sur l'injustice sont de courte durée ; ceux au contraire qui sont fondés sur la probité et l'équité sont plus lents à réussir, mais ils sont plus durables : tôt ou tard ils triomphent.

Il est une chose au-dessus de mes lumières et hors de la portée de ma faible raison. Je ne puis concevoir que des gens riches, ou ayant une existence honnête, qui ont toutes les qualités qui constituent l'homme de bien, puissent un seul instant suivre un pareil parti, et lui servir de manequin, eux qui ont tout à perdre dans un changement. Lorsque je réfléchis sur leur conduite, je me dis : que veulent-ils? Que désirent-ils? un Gouvernement représentif, une Charte qui garantisse nos libertés, l'égalité des impôts, la perspective de parvenir aux places suivant le talent et le mérite, la liberté des Cultes? Eh bien ! Tout cela nous l'avons. Je présume cependant qu'ils ne peuvent vouloir ni désirer rien de plus ; mais ils craignent sans doute de perdre tous ces avantages. En cela, calculons de quel côté peut être le danger, et raisonnons, s'il m'est possible, sur les causes qui peuvent produire leurs craintes.

On vous fait craindre le retour de la Dîme et des Droits féodaux, voilà le moteur dont se servent les Chefs Libéraux. Ils vous disent encore que le Roi ou les Princes qui lui succéderont, sont nécessairement les ennemis de nos nouvelles Institutions ; ils doivent conséquemment saisir la première occasion, même la faire naître , pour nous soumettre au joug de l'ancien régime.

Pour répondre à de pareilles assertions , mises en avant par des personnes qui n'y croient pas elles-mêmes, et dont les gens sensés ont deviné depuis long-temps l'arrière pensée, il est nécessaire de remonter un peu haut ; n'ayant pas assez d'esprit pour convaincre mes lecteurs par des sophysmes , je donnerai des raisons et des preuves, ce qui vaut mieux.

Le Roi , après vingt-cinq ans d'exil , est venu se replacer sur le trône de ses Pères , protégé par plus de six cents mille bayonnettes , ayant une force morale inconcevable , dont un étranger ne peut se faire qu'une légère idée. Non , notre bon Henri IV , après le long siége de Paris , siége qui coûta tant d'affections cruelles à cette ame grande et généreuse, non , dis - je , ce Roi si bon , si digne de régner sur un grand Peuple, n'eût pas une opinion aussi prononcée en sa faveur, que Louis XVIII à son entrée en France. Qu'on se fasse une idée encore de la position des Français à cette époque , ayant passé successivement sous toutes les servitudes, affaissés par le terrorisme de Roberspierre et de la Convention , terrassés par la tyrannie du Directoire , avilis par le despotisme de Bonaparte , tout esprit de patriotisme éteint, nos armées toujours braves et courageuses , mais sans forces comme sans moyens. Qu'opposer à la vengeance du Roi , si elle avait été dans son cœur ? Certes , il ne manquait pas des motifs légitimes pour punir les méchans. Admirez cette ame générreuse : il pardonne aux assassins de son frère : il jette un voile sur le passé ; son entrée est précédée d'une amnistie générale. Ce qui coûte encore plus à son cœur bon et sensible, il sacrifie les intérêts de ses plus fidèles serviteurs, ceux qui ont tout abandonné pour servir sa cause, qui est celle de la patrie. Par la Charte qu'il nous a octroyée, nos libertés sont garanties ; que de bienfaits méconnus ! Pardonnez, ô mon Roi ! Les Français ne sont point ingrats ; ils savent apprécier ce que vous avez fait pour eux ; ils sont pénétrés de respect et de vénération pour vos vertus. Les preuves de votre amour, de votre affection, sont tracées dans cette Charte sublime qui nous assure à jamais une vie politique sans nuage. Oui, nous défendrons cette Charte contre les Factieux qui voudraient nous l'ôter, pour nous plonger de nouveau dans l'abîme d'un gouvernement anarchique, et nous courber sous le joug de leur démagogie. Nous encouragerons les forts, nous stimulerons les faibles, nous dessillerons les yeux de ceux que des Charlatans politiques ont aveuglés ; nous les surveillerons pour déjouer leur complots : nous lisons dans leur ame. Une cruelle expérience nous éclaire : leurs sophismes ne nous séduisent plus : leur arrière-pensée nous est connue.

Il semblerait, d'après une conduite si magnanime de la part de notre Souverain, d'après les témoignages d'amour que nos Princes ne cessent de nous donner chaque jour, il semblerait, dis-je, qu'une seule et unique pensée devrait occuper les Français ; c'est de remercier la divine Providence, de nous avoir rendu

un

un Roi et une Famille si digne de régner sur nous. Tout cela n'est pas ; il est des êtres mal-faisans par nature, que toute idée du bien blesse, dominés par un mal - aise destructeur, ils sont continuellement occupés à ourdir des trames désorganisatrices, cherchent à faire passer dans l'esprit des gens crédules, des sujets de dégoût pour toutes les institutions qui tendent au bien, et nous promettent quelque stabilité, et sèment les plus affreuses doctrines, dont le résultat mène à tout renverser, à tout détruire, et nous précipiter dans un gouffre de malheurs. Comme les principes du mal sont plus aisés à faire goûter que les principes du bien, de pareils êtres font des prosélytes et des dupes. C'est donc pour les gens aveuglés, mais de bonne foi, que j'écris ; car pour ceux qui ne le sont pas, cela est très - inutile : ils sont forcés de rendre hommage à la vérité ; ils la connaissent, mais suivant eux, le mensonge est plus profitable.

Pour nous donner de plus fortes craintes sur le retour de l'ancien régime, tous nos grands Penseurs Libéraux sont très-d'accord et s'entendent fort bien pour nous peindre le Gouvernement que nous avions autrefois comme despotique, afin de persuader à ceux qui n'ont pas la moindre notion sur l'histoire de notre pays, et aucune connaissance de nos anciennes institutions, que le Roi et les Princes doivent, dans leur intérêt, désirer de recouvrer une autorité despotique si éloignée de leur cœur comme de leur caractère. Mais laissons les affections à part, et raisonnons dans le système des intérêts : voyons si le genre de notre Gouvernement actuel accorde plus ou moins d'autorité au Roi. Comme dans les principes des Chefs Libéraux, l'intérêt est le mobile certain des actions de l'homme, si je prouve que l'autorité Royale a beaucoup gagné au nouveau système politique, il s'en suivra que le Roi et les Princes, dans leur propre avantage, ne peuvent que maintenir, soutenir des lois qui leur assurent un plus haut degré de puissance.

Pour mieux me faire comprendre, je crois devoir donner la définition du Gouvernement despotique.

J'appelle Gouvernement despotique, une Monarchie rigoureuse, dans laquelle l'Autorité souveraine ne connaît d'autres bornes que celles qu'elle s'impose elle-même, de sorte que son despotisme est son propre terme et sa règle ; c'est-à-dire que sa puissance n'est fondée sur aucune loi, et qu'elle ne s'arrête qu'aux limites que les choses humaines ont toujours par leur nature.

Or, voyons si autrefois en France, l'autorité du Roi n'était bornée par aucune loi, par aucune institution qui pût mettre des entraves à sa puissance, si sa volonté était tout, et que la Nation ne fut rien. Montesquieu considère les droits intermédiaires comme constituant la force et la liberté des Monarchies. On ne peut disconvenir que ces droits intermédiaires existaient, et plus fortement garantis qu'ils ne le sont par nos nouvelles lois ; chaque Province, chaque Commune, chaque Corps en particulier avait ses privilèges, ses coutumes ; les Parlemens, depuis que nos Rois ne convoquaient point les Etats Généraux, en avaient pris la place, et se disaient les Représentans de la Nation, prétention bisarre, il est vrai, mais qui ne laissait pas néanmoins de mettre de fortes entraves à l'autorité Royale. Ces droits étaient si bien unis et liés ensemble, que lorsqu'on a voulu y toucher, il s'en est suivi la destruction de notre édifice social; car personne n'ignore que les Parlemens ont donné le branle à la Révolution, lorsque le Roi, par un coup d'éclat, voulut se soustraire à ses remontrances, et se passer de l'enregistrement.

Comment, diront les personnes douées d'une mince intelligence, point de lois écrites ? Est-il possible qu'un grand Etat puisse être régi par des coutumes? Quelle bigarrure que ces différens privilèges et toutes ces coutumes : on ne pouvait faire un pas en France sans se croire étranger. Se peut-il qu'un Gouvernement puisse agir avec un pareil ordre des choses? C'est un principe bien reconnu et admis de nos grands Légis-lateurs, que la liberté publique s'appuie avec plus de succès sur les coutumes et sur les mœurs, que sur les lois écrites. L'empire des mœurs, plus absolu que les lois parce qu'il est perpétuel, commande la modé-ration à ceux qui seraient tentés de ne pas la connaître; car les lois ne sont respectées et suivies, qu'autant que le Législateur a eu l'art de les enter sur les mœurs et les idées nationales. Voilà précisément ces entraves et ces difficultés qui fesaient la force de la Nation : le Roi ne pouvait former un projet, agir contr'elle, sans être arrêté à chaque pas.

On ne peut disconvenir de l'existence de quelques abus ; mais il ne s'ensuit pas de là que le Gouvernement fut despotique , et qu'il ne marchat dans le sens du bonheur de tous. De même que la musique , dans son harmonie , est composée de plusieurs accords , des parfaits et des dissonans , dans son ensemble on ne peut les distinguer , tant cet ensemble vous charme : c'est ainsi que dans les corps politiques , les dissonances sont souvent nécessaires ; cependant l'ensemble marche pourvu que les bases soient réglées dans les formes de l'art et d'après certains principes qui ne peuvent jamais varier. Mais quels sont ces principes qui ne peuvent jamais varier ? L'histoire, l'expérience et les Grands Hommes vous l'apprendront.

Comment le Roi pouvait-il être despote ? Voyez tout le pouvoir de ces grands Corps politiques , jusqu'aux plus petites Corporations, qui avaient leurs droits acquis ou leurs privilèges ; l'autorité Royale n'était-elle pas arrêtée à chaque instant ? Examinez quel immense intervalle du Roi au Peuple ; comment franchir cette suite de droits intermédiaires pour l'asservir ? Certes , le politique le moins éclairé et le plus superficiel , s'il veut se donner la peine de réfléchir un instant , se convaincra de l'impossibilité qu'un Roi , avec un tel gouvernement , puisse être despote. On cite Louis XI , et sous Louis XIII le Cardinal de Richelieu ; mais leur despotisme ne pesait que sur les Grands qui , par leur autorité , tyrannisaient le Peuple. Louis XI était le Roi le plus populaire : l'histoire nous le représente sans nul faste dans sa Cour, mis comme le plus simple de ses

Sujets, faisant mettre de doubles manches à son pourpoint, allant demander le dîner au plus petit Bourgeois de Paris. On peut accuser Louis XIV d'avoir trop aimé la guerre ; mais il avait l'art de faire passer dans l'ame des Français son humeur guerrière : il la fit toujours sans tyranniser ses Sujets. Ce grand Roi connaissait si bien le génie de la Nation, qu'il dit au Maréchal de Villars, en lui ordonnant de donner une bataille dont la perte pouvait ébranler son trône : *S'il vous arrive quelque malheur, vous me l'écrirez à moi seul ; je monterai à cheval, je passerai par Paris, votre lettre à la main ; je connais les Français : je vous ménerai deux cent mille hommes, et je m'ensévelirai avec eux sous les ruines de la Monarchie.* Cette assurance du Roi ne prouvait-elle pas qu'il était aimé ? Et un Souverain despote peut-il l'être ? N'est-ce pas exagération, que de venir nous entretenir de la terreur qu'il employait pour effectuer ces grandes levées d'hommes. D'après M. l'Abbé de St.-Pierre, qui certainement n'est point l'apologiste du règne de Louis XIV (1), la plus forte levée fut de quarante mille hommes. Les grands détracteurs de ce siècle ne disent rien des levées de cent mille hommes que fesait tous les ans Bonaparte ; ils ne parlent point des trois mille Français empoisonnés dans les hôpitaux de Jaffa, du désastre de Léipsic, du passage de la Bérésina, où la Garde de l'Empereur se fit jour, le sabre à la main, à travers nos Bataillons,

____

(1) Il fut rayé du tableau de l'Académie, pour avoir écrit avec trop de liberté, on peut dire même avec indécence, contre le règne de Louis XIV.

pour favoriser sa retraite et protéger sa fuite ; des trente mille chaînes toujours permanentes , pour traîner les Conscrits du midi au nord et du nord au midi ; de la responsabilité que ces lois barbares fesaient peser sur la tête des parens des conscrits réfractaires , à tel point , qu'on a vu un malheureux père tuer son propre fils , pour se soustraire aux persécutions des Satellites de ce Despote : ils ont été les plus fades adulateurs de ce Tyran. Vous voulez donc qu'on croie de bonne foi à leurs bonnes intentions , à leur libéralisme ? Non certe ; de pareils libéraux ne seraient point déplacés dans le Sérail du grand Sultan. Tantôt prosternés aux pieds de la statue de la liberté , puis panégyristes du despotisme , ils ont été censeurs sous Bonaparte. On les voyait si rigides , qu'ils n'auraient pas souffert , dans un ouvrage , dans un journal , le moindre petit mot libéral. Quel constraste ! Les voilà maintenant les plus grands apologistes de la Démagogie ; cela par exemple est facile à expliquer : ces messieurs sont forts en théorie ; ils savent que pour arriver au despotisme , il faut passer par l'anarchie.

J'ai démontré , je crois , par des faits incontestables , que notre ancien Gouvernement n'était point despotique ; que la liberté de la Nation était fortement garantie et à l'abri des atteintes de l'autorité Royale. Examinons maintenant si , d'après nos nouvelles institutions , cette liberté nationale a de plus sûres garanties , s'il est plus aisé au Souverain ou plus difficile , de se soustraire aux lois.

D'après notre Charte constitutionnelle , le Roi , la Chambre des Pairs et celle des Députés , constituent la Souveraineté nationale. Les Pairs sont nommés par le Roi qui peut en augmenter le nombre à sa volonté. Les Membres de la Chambre des Députés, par les Colléges Electoraux, organisés par une loi. Chacune des Chambres peut supplier le Roi de présenter telle ou telle loi; du concours et de la réunion de ces trois volontés émane la loi. Le Roi peut dissoudre, lorsqu'il le juge nécessaire, la Chambre des Députés; mais il doit convoquer les Colléges Electoraux, pour la renouveler. Il est le Chef des Armées de terre et de mer : il peut faire la guerre et la paix, sans le consentement des Chambres. Les Ministres sont seuls responsables de l'exécution des lois. Le Roi nomme à tous les emplois civils et militaires ; la Justice se rend en son nom ; à lui seul appartient le droit de faire grâce. Il peut rendre des Ordonnances pour l'exécution et l'interprétation des lois : il ne peut établir aucun impôt sans une loi.

Voilà la départition des pouvoirs. D'après notre Acte Constitutionnel , les Pairs représentent le pouvoir Aristocratique , la Chambre des Députés le pouvoir Démocratique; ainsi , notre Gouvernement est Monarchique et Aristo-Démocratique. Le Roi , qui nomme la Chambre des Pairs , est toujours sûr de l'avoir à sa dévotion ; parce que nos Pairs ne jouissant point , comme en Angleterre , de fortunes immenses , seront toujours dépendans des grâces de la Cour. On a vu dernièrement, sous le ministère de M. D. C., augmenter le nombre des Pairs , pour avoir une majorité : dans une autre occasion on prendra un autre moyen , mais à coup

sûr on réussira. On ne peut donc révoquer en doute
que cette Chambre sera toujours dévoué au Roi , soit
par intérêt ou par l'institution elle-même.

La Chambre des Députés , comme nous l'avons déjà dit,
doit tendre à la démocratie ; mais si elle voulait trop
empirer sur l'autorité Royale , le Roi ayant , par la Constitution, le droit de la dissoudre, prendra ses mesures pour
en convoquer une autre qui soit plus dans ses intérêts. Le
Roi nommant à tous les emplois civils et militaires,
il n'y a pas de doute que l'Armée et l'Administration
ne marchent toujours dans le sens qu'il voudra. D'après
nos nouvelles lois, le corps de la Magistrature étant passif,
il n'y a nul danger pour le Roi que ces places soient
inamovibles ; d'ailleurs , les gens du Roi placés à chaque
Cour , garantissent , d'un certaine manière , la marche
de chacun de ces corps.-

Après avoir fait connaître , dans un petit cadre ,
notre ancienne et notre nouvelle Constitution , que
chaque lecteur juge maintenant laquelle des deux peut
favoriser le plus le Despotisme.

Il faut convenir que , sous le rapport de la liberté
individuelle et de l'égalité des droits, la Nation a gagné
par le nouvel ordre de choses. Les moyens intellec-
tuels de chaque individu se sont développés : les connaissances se sont agrandies (1) et ont pris un nouvel
essort , dans le choc des opinions que la Révolution
a fait naître ; mais si la Nation a gagné en liberté

____

(1) Je dis agrandies , car je ne prétends point que les lumières
aient fait de plus grands progrès ; elles sont seulement plus
généralement répandues.

et

et en droits, on ne peut aussi disconvenir que l'Autorité royale n'ait aussi beaucoup gagné : c'est ce que j'ai voulu prouver, afin de répondre à ces Détracteurs de tout ordre, qui nous menacent sans cesse du retour de l'ancien Régime ; qui osent jeter du doute sur les bonnes intentions du Roi et de cette auguste Famille, en leur supposant d'autres vues, tandis que leur propre intérêt s'oppose à tout ordre de choses contraire à nos nouvelles institutions.

J'en conclus donc que le Roi et les Princes veulent la Charte par affection et par intérêt ; que tous les Amis du Roi et de la Légitimité sont et seront toujours les vrais défenseurs de cette Charte, parce qu'il y a impossibilité morale et physique au retour de l'ancien ordre de choses, parce que dans tout Etat policé, il doit y avoir un centre de pouvoir; qu'enfin les Français, fatigués de révolution et éclairés par l'expérience, ayant payé assez cher la liberté dont ils jouissent, ne peuvent et ne doivent désirer que le retour de l'ordre ; que cet ordre ne peut exister qu'en nous r'attachant au Trône des Bourbons.

Deux opinions (1), dans ce moment, règnent géné-

---

(1) J'appelle Opinion l'idée que nous nous fesons d'une chose, d'après nos connaissances naturelles ou acquises. Or, celui qui n'a pas assez de connaissance pour avoir une idée juste et fixe sur une chose, n'a point d'opinion à lui : sa manière de voir sur cette chose est dominée par son intérêt particulier ou par celui qui a un intérêt lui-même à diriger l'opinion des autres suivant ses vues, ou l'esprit de parti qui l'anime. Par exemple, il ne faut pas juger de l'opinion des Assemblées Electorales, par le nombre des votes ; il est prouvé que les Corps Elec-

ralement en France ; l'une dévouée au Roi, à la Légitimité, reconnaît pour base de tout gouvernement, la Morale, la Religion et la Justice : l'autre voulant nous faire marcher de révolution en révolution, prêche des doctrines subversives de tout ordre social ; ennemie de la justice et de toute espèce de croyance, veut nous ramener dans l'état de barbarie de nos premiers siècles. Les Chefs (1) après avoir cherché, par leurs sophysmes, à embrouiller l'imagination, les têtes faibles, dénaturent les faits les plus avérés de notre histoire. Ils savent que la Religion a été et sera toujours le principal soutien du Trône ; voilà pourquoi ils ne cessent de la décrier, et de nous entretenir du fanatisme que, suivant eux, elle engendre, de son intolérance, des maux et des guerres qu'elle a produit dans le monde : pour cela, ils lui attribuent tous les malheurs de nos derniers siècles. Ils nous parlent des persécutions de François I.er contre les Protestans, de la journée de La St.-Barthélemy, de la guerre de la Ligue ; mais soyez vrais et conséquens dans ce que vous dites. Si la Providence vous a donné l'esprit et les moyens d'éclairer votre siècle, faites un bon usage de vos lumières ; rendez les hommes meilleurs, au lieu de les corrompre ; dites-leur la vérité et ne les trompez pas ; ce que vous ne faites point, il faut donc le faire et tâcher de prouver vos mensonges.

---

toraux d'arrondissement ont moins d'opinion réelle que ceux de département, parce qu'il y a moins de lumières : que si la fortune ne donne pas l'esprit, elle favorise les moyens d'acquérir des connaissances propres à guider l'opinion ; l'éducation met en jeu nos organes, et donne du développement à l'esprit.

---

(1) Je parle toujours des Chefs Libéraux.

On ne peut disconvenir que dans toutes les Castes, dans tous les Corps, il n'y ait des Membres indignes d'en faire partie ; que bien souvent, par un enchaînement de circonstances que la plus sage politique ne peut prévoir, des Intrigans et des Factieux se trouvent à la tête des choses et des affaires. C'est ce qui est arrivé dans tous les événemens malheureux qui ont eu lieu en France, avant et dans le cours de la Révolution.

Autrefois, sous le régime ancien, la Religion Catholique était la seule dominante et la Religion de l'Etat, la seule tolérée et dont le culte fut public. Sous le règne de François I.er, les Sectateurs de Calvin se répandirent en France, y firent beaucoup de prosélytes : cette Religion est dans ses principes essentiellement désobéissante ; elle tend au républicanisme et à l'indépendance. Or, comme en matière de religion, la liberté de penser enfante la liberté d'agir ; qu'il y a peu de Rois libéraux ; que François I.er ne l'était point ; qu'il disait sans doute comme l'Empereur Joseph II : C'est mon métier à moi d'être Roi ; il dut nécessairement prendre des moyens pour maintenir son autorité, conserver sa couronne, assurer la tranquillité et la paix à ses peuples, empêcher que cette Religion ne se fortifiat en France, et qu'elle n'y troublat l'ordre.

Il est certain que toutes les fois qu'on introduira dans un Etat de nouvelles doctrines, des doctrines surtout qui, par leur essence, ne se trouvent point en harmonie avec l'ordre établi, il doit en résulter de grands maux : pour les propager, il faut flatter et y intéresser la

multitude : or , l'expérience nous a prouvé le danger.
Je ne déciderai point si François I.er mit trop de
rigueur ou pas assez, pour détruire le mal dans
son principe : ce qu'il y a d'incontestable , c'est que
si Louis XVI avait mis plus de rigueur dans sa conduite, il aurait évité beaucoup d'assassinats , de pen-
daisons , d'incendies , de meurtres de toute espèce , en
un mot , tous les malheurs que les nouvelles doctrines
philosophiques avaient provoqués.

Il n'y a pas une ame honnête et sensible qui, au
récit des massacres de la journée de St.-Barthélemy,
ne soit pénétrée de la plus vive indignation et ne
frissonne d'horreur; mais n'en accusez point la Religion;
elle est bien loin de commander de pareils forfaits :
la morale qu'elle enseigne est si douce et si pure,
qu'elle ne peut même les tolérer. Vous devriez au
contraire , si vos intentions étaient sincères , donner des leçons aux hommes , pour que de pareils
malheurs ne pussent se renouveler. En soulevant les
passions , vous avez fait et faites le contraire ; car
ne sont-ce pas vos doctrines qui ont produit les journées
du 10 août , des 2 et 3 septembre , les massacres
d'Avignon , les Noyades de Nantes , les Mitraillades
de Lyon ? N'ont-elles pas présidé au jugement du
plus vertueux des Rois ? Voyez encore l'histoire de
cette infortunée Princesse de Lamballe , qui sur le
retour de l'âge conservait la beauté de la première
jeunesse ; qui , comme Titus , comptait un jour perdu
quand il n'était pas employé à sécher quelques larmes
et à faire un heureux ; l'amie des pauvres , le réfuge

des malheureux, traînée de sa prison par des hommes couverts de sang, les bras nus et rougis ainsi que leurst armes : sa frêle machine ne peut supporter l'effroi qu'elle éprouve, et perdant l'usage de ses sens, ce n'est plus qu'un être inanimé qu'ils ont en leur disposition. Enfin, son dernier moment est arrivé; son sang réjaillit : vingt scélérats se jettent sur elle et terminent sa malheureuse existence, mais non les horreurs qu'ils exercent sur son corps privé de la vie. On sépare du corps cette tête charmante : un nommé Grison coupe avec son sabre sa gorge dont les années avaient respecté les formes. On déchire ses entrailles, on arrache ce cœur, jadis l'asile de la vive amitié, de la tendresse filiale, de la douce compassion; il est mis au bout d'une pique : après l'avoir promené dans les rues de Paris, on le porte chez un boucher qui, l'ayant haché, en présente à manger aux spectateurs.

Ce bon Prince, l'espoir et l'idole de la nation, qui par ses belles qualités, nous promettait de faire revivre un jour le beau règne d'Henri IV, ne l'avez-vous pas immolé à votre fanatisme révolutionnaire? Ne sont-ce pas vos abominables doctrines, qui ont aiguisé le poignard de son assassin.

Comment tracer toutes les scènes d'horreur qu'a produites le régime de 93, époque à laquelle la Philosophie mit en pratique ses grands et sublimes préceptes. Je répéterai seulement ce qu'en dit un savant et judicieux Auteur (1) : « Pour peindre cette scène de

____

(1) M. l'Abbé de la Mennais : Essai sur l'indifférence en matière de Religion, Tome 1, chap. X, page 430.

» désordre et de forfaits , de dissolutions et de car-
» nage , cette orgie des doctrines , ce choc confus de
» tous les intérêts , de toutes les passions , ce mélange
» de proscriptions et de fêtes impures , ces cris de
» blasphème, ces chants sinistres , le bruit sourt et
» continu du marteau qui démolit , de la hache qui
» frappe les victimes ; ces détonations terribles et ces
» rugissemens de joie , lugubre annonce d'un vaste
» massacre , ces cités veuves, ces rivières encombrées
» de cadavres, ces temples et ces villes en cendres ,
» et le meurtre , et la volupté , et les pleurs, et le
» sang , il faudrait emprunter à l'Enfer sa langue ,
» comme quelques monstres empruntèrent ses fureurs ».
Grands Régénérateurs de l'univers, Sophistes présomp-
tueux et orgueilleux , voilà le fruit que nous avons
retiré de vos principes : rien suivant vous et jusqu'à
vous n'a été bien ; il faut régénérer , dites-vous , le
peuple : pour cela il faut lui cacher les vérités écrites ,
le tromper , le flatter. Suivant vous , la Religion n'est
que superstition et fanatisme , la Morale qu'un mot
vide de sens, la Royauté que despotisme. Mais nous
ne sommes plus dupes de vos enphatiques promesses :
la vérité , cette mère de l'ordre, chassée par certains
peuples de l'europe où elle s'était réfugiée quand notre
Patrie la méconnut , revient comme une épouse délais-
sée habiter parmi nous , pour nous servir de guide
et diriger nos pas vers le souverain bien. Chacun
semble lui servir d'égide et la défendre : le repentir
de nos erreurs passées la touche : elle est sensible à notre
sincère retour, d'une main forte et sûre nous indique
le chemin du vrai bonheur ; elle a assis son temple

sur le terrain de la Religion et de la Légitimité : sachons la défendre contre les attaques du mensonge.

En principe de morale, il est incontestable que les signes de vie des Etats peuvent être jugés d'après les croyances existentes ; qu'une marque certaine et les signes non équivoques de la mort d'un peuple, sont lorsqu'il a abandonné toute croyance : il est aisé de faire l'application de ce principe. Les Apôtres du mensonge ont voulu prouver que la guerre de la Ligue avait eu pour motif la Religion et le Fanatisme : ce fait est incontestablement faux. On sait que la Reine Cathérine de Médecis, tourmentée de la passion de gouverner et de maintenir son autorité, sous le nom du Roi, dominée par une politique astucieuse, ayant tout l'esprit de duplicité de sa nation, recompensant les uns, promettant aux autres, proscrivant ceux qu'elle avait flatté la veille, mettant enfin en pratique le système de Bascule si connu de nos jours : elle finit par froisser et exaspérer tous les partis ; chacun ne cherchait qu'à tirer avantage de sa position. Il se créa des factions : les grands se rangèrent les uns du côté des Réformés, les autres prirent parti pour les Catholiques, chacun n'avait en vue que son ambition : la multitude s'enrôla sous ces deux bannières, et lorsqu'elle fut mise en jeu, elle se livra à des horreurs, sous prétexte de venger chacun sa croyance. Mais cette croyance existait chez les Catholiques comme chez les Réformés ; il y avait dans l'Etat ce germe de vie conservateur des empires. Les lois fondamentales ne reçurent aucune atteinte ; cela est si fort vrai, que lors des Etats Généraux de 1593, les Ambassadeurs Espagnols ayant le projet de placer sur le trône de France l'Infante d'Espagne, fille de Philippe II et d'Elisabeth de France, fille d'Henri II, en firent la proposition à Mayenne, Chef de la Ligue; il leur répondit : « Vous croyez que les Français prêteront » l'oreille à la destruction de la loi salique ? Désabusez- » vous : jamais vous ne réussirez : comptez que vous ne » déterminerez jamais les Députés à avaler un morceau » aussi amer que celui de soumettre la France à une » domination étrangère. Vous ne connaissez ni le carac- » tère des Français, ni la manière de traiter avec eux. » Vous croyez apparemment les conduire comme les » peuples simples et ignorans de l'Inde; mais vous êtes » loin de votre compte ». Ces mêmes Ambassadeurs firent la même proposition à l'Assemblée des Etats; Rose, Evêque de Senlis, forcené Ligeur, s'écria, transporté « qu'il commencait à croire, à cette heure, » ce qu'il n'avait jamais voulu regarder que comme » une imputation calomnieuse des hérétiques, savoir : » que les Espagnols, sous prétexte de religion, ne » cherchaient qu'à satisfaire leur ambition; que la » loi salique, observée depuis douze cents ans en » France, ne permettait à cet empire d'autres maîtres » que les Mâles du sang Royal, et que si les Espagnols » s'obstinaient dans leurs pernicieux projets, ils auraient » pour ennemis lui et tous les catholiques de bonne foi ».

Nous n'irons pas loin pour trouver une comparaison; elle est récente. L'assemblée des Cent Jours toute libérale, nous donna l'exemple d'un grand contraste : on

a bien raison de dire que les deux extrêmes se touchent.
Cette Chambre prêchant une liberté illimitée, se donna
un despote pour défenseur de ses doctrines : qu'on juge
par cette conduite de la fixité de leurs principes.
L'assemblée de 1593, toute factieuse qu'elle était, ne
dévia jamais des principes constitutifs; il s'en faut
bien que la Chambre des Cent Jours se conduisit ainsi.
Que de maux n'a-t-elle pas fait tomber sur notre
melheureuse patrie! On l'a vue, au moment où les
armées étrangères étaient aux portes de Paris, s'agitant
pour nous donner une Constitution nouvelle, renoncer
à la Légitimité, dans des articles additionnels, proscrire
cette auguste Famille qui compte autant de siècles de
gloire que de règne, qui a prodigué de tous les temps
aux Français les plus grands témoignages d'amour. On
l'a vue mettre à l'encan ce trône antique; pas un
Prince d'Europe à qui il n'ait été offert : une Nation
qui est et doit être l'ennemie naturelle de la France,
n'a pas voulu de leurs offres pour un de ses Princes.
Vous voulez après cela, avec ceux qui partagent vos
principes et vos intentions, vous dire des Royalistes
par excellence ; et il y a encore des dupes qui
croient à vos fallacieuses promesses. Gens de bien, ne
vous laissez plus séduire ; examinez, réfléchissez ; voyez
depuis trente ans qu'ils sont les dominateurs de nôtre
pays, quels fruits nous avons tiré de leurs maximes.
Grands Prêcheurs d'humanité, Disciples d'une liberté
licencieuse et d'une égalité désorganisatrice, qui vous
érigez en réformateurs de l'univers, qu'avez-vous fait
pour son bonheur? Qu'avez-vous mis à la place de

ce que vous avez détruit? Rien, non rien. Je ne suis point Architecte : qu'on me donne des bras, je me charge de démolir le plus bel édifice qui existe ; cependant je ne saurai après construire une chaumière ; c'est ce que vous avez fait. Combien de fois n'avez-vous pas commencé à reconstruire notre édifice social? A peine au premier étage il s'est écroulé : la cause en est dans le défaut de fondement. Citez-moi dans l'histoire un peuple qui se soit formé en société sans une Religion ; pensez-vous avec vos codes donner un frein aux passions des Hommes, en faire de bons citoyens, d'excellens pères de famille, des époux fidèles, des enfans soumis? Non, vous ne le croyez pas; si cela est ainsi, vous n'êtes que des imposteurs, qui ne cherchez qu'à tromper les hommes pour les asservir et en faire votre profit.

Mais les Novateurs, pour pallier les conséquences de leurs principes qui tendent toujours au mal, et qui sont en opposition ouverte avec la saine morale et la religion, vous disent que la religion catholique étant intolérante, est incompatible avec un gouvernement libre : dites plutôt incompatible avec le désordre que vous prêchez. Cette intolérance est purement spirituelle ; elle naît de la foi : celui qui n'a pas cette foi n'en est nullement gêné ; mais l'intolérance politique, celle que vous avez fait connaître, est un peu plus gênante. Monsieur l'Abbé de la Mennais que je vais transcrire, donne très-savamment cette différence. « L'Eglise, société spirituelle, ne considérant les Reli-» gions diverses que sous un rapport spirituel, c'est-

» à-dire comme vraies ou fausses , est souveraine-
» ment intolérante pour les erreurs, mais ne prononce
» contre les personnes que des peines spirituelles. Le
» pouvoir politique au contraire ne considérant que sous
» un rapport indépendant de la vérité, est souverai-
» nement tolérant pour les erreurs ; il réserve pour les
» personnes toute sa sévérité, parce qu'il ne peut
» connaître que des délits extérieurs ou des actions.
» Ainsi les lois en Angleterre ne déclarèrent point
» telle ou telle doctrine fausse, mais elles privèrent des
» droits civils les Sectateurs de tel ou de tel culte,
» condamnèrent les personnes convaincues d'avoir exercé
» ces cultes proscrits , à l'emprisonnement, à l'exil,
» à la mort , toutes peines purement civiles (1) ».
Le gouvernement en Angleterre tient non-seulement
à ce que la Religion de l'Etat soit la seule soufferte,
mais veut qu'on la respecte, qu'on lui obéisse, même
qu'on la pratique (2). On ne voit point dans ce pays
à la tête du Ministère, dans les Corps administratifs

____

(1) Essai sur l'indifférence en matière de Religion, tome 1,
chap. II , page 84.

(2) On peut citer à l'appui de cette assertion, certaines lois
en Angleterre qui forcent de pratiquer la Religion de l'état, ce
qui prouve combien ces lois sont intolérantes. Quiconque n'ira
point à l'Eglise les dimanches et les jours de fêtes, payera un
Schelling : quiconque refusera d'aller à l'Eglise, sera mis en
prison pendant un mois et condamné à vingt livres d'amende :
quiconque aura chez lui des hôtes ou des domestiques qui
n'iront point à l'Eglise, payera dix livres d'amende. Par une
autre loi, quiconque refuse de baptiser un enfant, d'aller au
service divin, de recevoir la communion, est excommunié ;

et judiciaires, pour Chefs de l'éducation publique, des Catholiques, des Juifs; il n'en est pas de même en France, tant nos lois sont tolérantes. Sous l'ancien régime, lorsque la religion catholique était la religion dominante de l'état, qu'elle était protégée par les lois, on n'a jamais vu, et c'est sans exemple, qu'on forçat quelqu'un d'aller à la messe, d'assister au service divin, de recevoir les sacremens : il est bien prouvé que cette religion, loin d'être incompatible avec la liberté, la favorise; car n'est-ce point elle qui a aboli et délivré les anciens peuples de la Grèce et de Rome de l'esclavage que le paganisme favorisait? Mais elle gêne les Détracteurs de l'ordre : malgré eux elle parle à leur conscience. Ce n'est pas que dans le fond de leur cœur ils ne rendent hommage à cette sublime morale qui ne peut être donnée que par un être sur-humain : un de leurs fameux Patriarches, l'enragé *Diderot*, qui aurait voulu étrangler tous les Rois avec les boyaux du dernier Prêtre, prouve bien cette vérité. Surpris un jour par un de ses amis, expliquant l'Evangile à sa fille, cet ami lui en témoigna son étonnement : quelle plus belle morale puis-je enseigner à ma fille, répondit Diderot. Qu'ils conviennent donc de leur mauvaise foi. Grands prêcheurs d'humanité et de tolérance, vous égorgez au nom

---

c'e t-à-dire ne peut servir de témoin dans les tribunaux, ne peut acheter ou vendre, ni poursuivre un débiteur. Note des Mémoires historiques et critiques sur les plus célèbres personnages vivans de l'Angleterre, tome 2, page 34.

de l'humanité, et vous proscrivez toute espèce de croyance en vertu de votre tolérance : ce n'est pas aux personnes éclairées par le fruit de leurs lectures ou par une longue expérience, que vous vous adressez, c'est aux Jeunes Gens ; vous flattez leur amour-propre et leurs passions pour mieux les tromper, mais vous ne pouvez étouffer la vérité ; elle reluira un jour dans leur ame : à proportion que la raison croîtra en eux ils apprendront à vous connaître, à vous juger ; ils seront désabusés comme nous.

Comment vous croire sincères, quand vous faites sonner si haut votre amour et votre attachement pour la Charte, si vous cherchez d'en élaguer les articles fondamentaux. Vous ne voulez pas de distinction nobiliére ; cependant la Charte en reconnaît, elle est même nécessaire dans une monarchie : voyez comme en parle un Ecrivain qui ne doit pas vous être suspect. M. de Necker vous dit (1) : « Tout s'unit et s'enchaîne » dans la vaste étendue des combinaisons sociales, » et souvent les genres de supériorité qui paraissent » un abus aux premiers regards de la philosophie, » sont essentiellement utiles pour servir de protection » aux différentes lois de subordination, à ces lois qu'il est » nécessaire de défendre, et qu'on attaquerait avec tant » de moyens si l'habitude de l'imagination cessait » jamais de leur servir d'appui ». Sans chercher combien les distinctions sont dans l'essence du Gouvernement monarchique, jetez un regard sur notre histoire ; voyez quels services ce Corps de la Noblesse a

______

(1) Mémoires publiés à l'époque de la suppression des Titres.

rendus à la patrie. Peut-on, sans être pénétré de vénération, rappeler des noms si chers à la France : les Duguesclin, les Chevalier Bayard, Jean de Brancas, Brissac, Sulli, Turenne, Villars, etc. etc. Mais ce n'est pas seulement dans la conduite de ces grands hommes, qu'on peut citer des exemples de bravoure, d'honneur et de loyauté : n'avons-nous pas vu de nos jours cette généreuse Noblesse abandonner ses plus chères affections, sa fortune, verser son sang, donner sa vie pour défendre ce Trône, objet de la vénération de nos pères. Cette Patrie ingrate, pour prix d'aussi grands services, ne leur a prodigué que dédain, que nouvelles persécutions ; il ne leur reste que leurs bras : ils les offrent de nouveau pour la défense de nos droits, de notre indépendance et le maintien de l'Autorité royale (1). Consolez-vous, généreuse Noblesse ;

---

(1) M.me Staël nous dit que depuis la révolution en France, on a l'art de faire porter les inquiétudes sur les vaincus. Dans un sens elle a raison : dans ce cas ce n'est pas la généralité des Français qui accablent les Nobles et crient contr'eux, c'est toujours la même Faction. Certains portant un grand nom qu'ils déshonorent, tourmentés sans cesse par un esprit de domination, ne voyant dans leur caste nul espoir de satisfaire leur orgueil, se sont jetés à corps perdu dans le parti qu'on nomme Libéral, s'imaginant qu'ils réussiront un jour, en nous menant de révolution en révolution, à rattraper cette domination qu'ils regrettent tant ; vrais renégats de leur caste, ils ne peuvent y rentrer sans encourir nécessairement le mépris de tous les membres. D'autres vrais Sans-Culottes, qui n'ont hérité de la révolution que les principes destructeurs, voient avec peine leurs ci-devant frères, amis, jouissant fortunes et honneurs ; pensent qu'en provoquant de nouveaux troubles, ils seront recompensés de leur trahison. Il en est encore qui, sans encourir le mépris

la vérité, malgré les efforts de la tempête, surnagera toujours : l'égoïsme, la basse jalousie ne triomphent que quelque temps : la vertu tôt ou tard trouve sa récompense ; il ne manque point de bons Français appréciateurs du vrai mérite : l'histoire impartiale vous fera raison de vos détracteurs.

Mais, disent les Chefs Libéraux, pour séduire les gens de bonne foi et faire des prosélytes, la Noblesse a tout perdu, fortune et honneurs. Il est dans la nature de l'homme de courir après ces choses : nos peines, nos affections sont toujours dirigées vers ce but ; il est rare que ceux qui ont joui des faveurs de la fortune puissent se résoudre à vivre dans un état de médiocrité. D'après toutes ces considérations on doit supposer que les Nobles sont les ennemis de nos nouvelles institutions, qu'ils chercheront toujours à rentrer dans leurs droits.

Dans cette hypothèse, je serais tenté de penser comme eux ; mais comme les Nobles ont aussi un cœur français, qu'ils désirent comme tous les citoyens honnêtes et paisibles, voir la prospérité renaître dans

---

ni la haine, ne se donnent que du ridicule : ils maudissent le préjugé de ce qu'il ne se forme pas assez vite pour leur accorder les déférences que le public a pour l'ancienne Noblesse : ils ont tout fait pour avoir des titres sans les mériter, rêvent sans cesse distinctions. Sortent-t-ils de leur ville, ils mettent le d.... avant leur nom, sur les billets de visite. Ont-ils des Filles à marier, ils tâchent toujours de s'allier aux Comtes, aux Barons, aux Marquis ; s'ils signent un acte, ils prennent après leur nom propre celui de leur village ou d'une métairie : l'article d.... leur sert toujours à merveille pour rehausser leur fierté.

leur patrie ; que si les lumières se sont généralement répandues, sans doute qu'eux seuls n'ont pas resté en arrière ; qu'ils voient l'impossibilité que l'ancien ordre de choses puisse jamais avoir lieu en leur faveur , sans un bouleversement général , sans même faire rentrer les Français dans l'état de barbarie de nos premiers siècles : qu'un pareil effort ne peut naître que par un laps de temps incalculable qui effraie la pensée de tout homme éclairé et sensé, je réponds à MM. les Libéraux : on ne peut vous refuser de l'esprit , des connaissances : ainsi vous ne pensez pas ce que vous dites ; donc vous nous trompez.

Si dans ce sens il est hors de vraisemblance pour tout individu qui a quelque intelligence , que le retour de la Féodolité puisse avoir jamais lieu en faveur de l'ancienne Noblesse , je ne suis pas éloigné de croire qu'il serait possible que nous fussions de nouveau asservis sous de nouvelles formes et en faveur de nouvelles gens; ce n'est nullement invraisemblable. Pour si peu qu'on veuille suivre les menées des Chefs Libéraux , on verra qu'ils ne tendent qu'à cela ; ils ne veulent point pour eux la Féodalité de 89 , c'est trop peu ; ils veulent celle qui existait sous les descendans de Charles - le - Chauve. Pour nous en convaincre, examinons un instant leur marche , et tâchons, s'il m'est possible , de faire passer ma pensée dans l'esprit de mes lecteurs.

Nous avons vu , après la déchéance du vertueux Louis XVI , les Chefs Libéraux (car c'est toujours

la même Faction)., décréter la République une indi‑
visible : ils savaient qu'un pareil gouvernement, fondé
sur l'immoralité, l'injustice et le brigandage, ne
pouvait être de longue durée ; mais il servait leur
ambition. Comme Chefs, ils retirèrent tout le fruit
du bouleversement de l'Etat : ils firent de grandes
fortunes ; alors ils commencèrent à regarder leurs frères
et amis qui les avaient servis dans leurs crimes,
comme de vils scélérats : ils sévirent contr'eux par les
grands airs qu'ils se donnaient de travailler au bien
public ; ils se perpétuèrent dans toutes les places ;
firent croire aux Gobes-mouches qu'eux seuls étaient
capables de gouverner ; qu'en eux résidaient l'esprit,
le génie et les connaissances ; cependant comme leur
gouvernement n'offrait aucune garantie, ils craignaient
toujours qu'une nouvelle révolution les fit rentrer dans
la poussière doù ils étaient sortis ; les grands noms qui
s'étaient accolés à eux craignant aussi le retour de
l'ancien ordre des choses, firent une nouvelle alliance.
Il fallait donc se donner un gouvernement stable et
fort : *Bonaparte* se présenta : il s'était fait une répu‑
tation dans les guerres d'Italie et par les victoires
supposées d'Egypte ; tous se rallièrent à lui, furent
les fermes soutiens de sa tyrannie. Alors ils ajoutèrent
à leurs grandes fortunes, honneurs, titres et décorations:
leur libéralisme fut enseveli sous les Croix et les
Cordons ; leur Noblesse fut la seule reçue ; point de
partage avec l'ancienne.

Voilà dans un petit cadre leur conduite jusqu'à la
déchéance de Bonaparte ; maintenant les voilà de

nouveau démasqués, prêchant les mêmes doctrines de 93. Qui croira qu'ils veulent partager leurs millions avec leurs frères et amis, qui sera assez dupe pour s'imaginer qu'ils iront encore danser la carmagnole avec les Sans-culottes, et échanger une Couronne ducale contre un Bonnet rouge; non sans doute, c'est une idée qui ne peut venir à personne; ils ont donc un autre but., c'est de rétablir la Féodalité sous une forme différente. Beaucoup de gens dont la pensée ne se porte pas au-delà de ce qu'ils voient, vont m'accuser d'exagération, et de vouloir déverser sur les Chefs Libéraux les intentions qu'on veut supposer aux Chefs Royalistes; j'ai, je crois, prouvé qu'il n'était point dans l'ordre des choses possibles que la Féodalité put être jamais rétablie en faveur de l'ancienne Noblesse : il me reste à convaincre qu'il est au contraire fort possible, même très-apparent, que le principal but des Chefs Libéraux est d'asservir la nation, pour lui donner toutes les lois propres à servir leur ambition et leur orgueil.

Il est une chose bien certaine que tout le monde est à portée de connaître : leur conduite, leurs démarches et leurs écrits, depuis le retour du Roi, ne tendent qu'à renverser l'ordre de choses établi actuellement en France ; il est bien évidemment reconnu qu'ils sont les ennemis du Roi, de la Légitimité et de la Charte. Leur conduite dans les Cent jours nous a prouvé qu'ils ne veulent rien au-dessus d'eux, ni partage d'autorité : l'ancienne Noblesse les offusque, persuadés qu'elle ne se prêtera jamais à seconder leurs projets ; car ils veulent révolutionner encore pour en venir à leurs fins où ils tendent depuis long-temps. Si le Gouvernement manque de force et d'énergie , il est évident qu'ils réussiront (1), alors comme l'expérience leur a prouvé que la République une indivisible , ne peut point servir leurs projets : qu'un pareil gouvernement ne peut existor que dans quelques cerveaux creux. La République fédérative sera décrétée ; le grand Conseil sera à Paris , sous la présidence d'un Roi fainéant ; la France sera divisée en grands cantons , en provinces, gouvernée par un Chef , n'importe la dénomination ; mais ils remplaceront les Comtes de Toulouse , de Foix , de Lyon , les Ducs de Brétagne , de Bourgogne , de Normandie , etc. etc., qui ressortiront du Roi fainéant à qui ils rendront foi et hommage. Les Sous-chef , suivant qu'ils auront plus ou moins servi la cause, auront des Marquisats , des Baronies ou des Seigneuries , qui ressortiront et rendront foi et hommage aux grands Fiefs. Dans les guerres de la Nation , le Roi fainéant convoquera le Ban , l'Arrière-ban ; mais comme tous ces différens Etats indépendans ne peuvent rester long-temps en paix ; que leurs Chefs auront toujours des intérêts opposés ; que l'un voudra nécessairement empirer sur

---

(1) Dès que l'Edit de Nantes fut rendu , les Députés des Réformés demandèrent des places de sûreté à Henri IV , qui leur répondit que sa parole valait mieux que toutes les places : mais , dirent les Députés, Henri III en donna bien ; le Roi répliqua : Henri III vous craignait et ne vous aimait pas ; moi je vous aime et je ne vous crains point. Voilà ce qu'on peut dire parler en Roi.

l'autre, il s'en suivra une guerre presque continuelle. Il faudra forcément accabler le peuple d'impôts, faire journellement des levées d'hommes : les corvées, si vous voulez, seront appelées réquisitions, mais ne seront pas moins des corvées. Il est évident que dans un pareil état de choses, tout est véxation et brigandage : de là les discordes, les haines d'une ville contre l'autre : les villages sont dans un état permanent de division ; nul citoyen ne peut s'écarter de son pays sans craindre d'être rançonné et assassiné. On n'ose plus travailler son champ : le commerce, le luxe, l'industrie sont bannis, jusqu'à ce qu'un Conquérant vienne soumettre tous ces petits tyrans et rendre le peuple esclave.

Voilà sous quel rapport on peut craindre le retour de la Féodalité. Qu'on juge d'après ce que je viens de dire, de quel côté est le danger ; quel côté offre plus de chances pour la réussite : que chacun se dégage un instant de tout esprit de prévention, alors il sera fort aisé de se convaincre, comme je le suis, que mes craintes sont fondées.

Cependant cette Faction qu'on fait si redoutable, ne l'est point autant qu'on se l'imagine : l'impunité la rend audacieuse : elle n'est forte que de notre faiblesse et de notre désunion : si donc l'union fait la force, que tous les bons Français restent unis ; que chacun fasse quelque concession en faveur de tous. R'attachons-nous au Trône et à la Légitimité ; persuadons-nous bien qu'il n'y a de sûreté pour nos fortunes, nos vies et notre tranquillité, que dans un gouvernement ami des lois et de l'ordre ; qu'une nouvelle révolution nous entraînerait dans un abîme de malheurs dont l'œil le plus clairvoyant ne peut apercevoir le fonds. Comparons notre position passée avec notre état présent : conservons celte paix qui nous a été rendue par notre Roi, cette tranquillité intérieure dont nous jouissons. Qui la trouble de temps en temps? Qui se trouve à la tête des conspirations? Sont-ce des Royalistes, des amis de l'ordre, des individus qui ont toujours marché dans le sentier de l'honneur ? Non, au contraire des gens mal-famés, sans mœurs comme sans religion, des disciples enfin des doctrines que prêchent les Chefs Libéraux.

Si donc il est prouvé que ces doctrines ne tendent qu'au mal, ne veulent que le mal ; honnêtes citoyens, que tardez-vous pour faire un divorse absolu avec la Faction qui les propage ; voulez-vous attendre que la liberté soit bannie de la France, que vos fortunes vous soient enlevées, qu'on porte vos têtes sur un échafaud ? Possesseurs des biens nationaux, qui croyez que les Révolutionnaires sont le plus ferme appui de vos acquisitions, détrompez-vous : dans ce moment vous comptez parmi les plus riches propriétaires; il n'y a plus rien à prendre chez les Prêtres et les Nobles : dans une révolution vous seriez les premiers sacrifiés : c'est de l'or qu'ils veulent, non des parchemins rongés des vers. Je n'entrerai point dans de grands détails pour vous rassurer sur vos craintes ; je ne vous parlerai point de toutes les garanties que les lois vous donnent pour assurer vos droits, des promesses réiterées du Roi ; je ne vous dirai point combien il est in-juste de douter de ses promesses, après tant de marques d'affection et d'amour qu'il ne cesse de donner aux Français; mais je puis faire une application récente à votre cas : cela vaut mieux pour certains que des dissertations.

Louis XIV, lors de la révocation de l'Edit de Nantes, confisca tous les biens des Protestans insoumis qui quittèrent la France : ces biens furent vendus ; depuis cette époque nous avons vu, et notamment dans la révolution, les Réformés avoir une grande prépon-dérance dans nos affaires politiques. A-t-on jamais entendu dans la tribune de l'Assemblée Constituante, de l'Assemblée Législative et de la Convention, une seule motion tendant à faire rentrer ces biens dans les mains des propriétaires légitimes? Non, c'est que ces biens étant passés dans plusieurs mains, divisés en si grand nombre d'héritages, formant la dot ou légi-time de plusieurs enfans, assurant plusieurs créances, on a senti qu'une pareille rétrocession était impossible dans son exécution ; quelle différence encore de ces biens, comparativement aux biens nationaux vendus. D'après cet exemple, il est bien aisé de juger que la plus grande sûreté pour les acquéreurs des biens natio-naux est de se r'attacher à la Légitimité, de faire cession avec les Chefs des Libéraux, et se réunir fran-chement aux Royalistes qui veulent le Roi, la Légi-timité et la Charte.

Vous, Jeunes Gens, plus à plaindre qu'à blâmer, qui, entrainés par les prestiges d'un éloquence séduc-trice et des principes mensongers, qui électrisent vos

(39)

sens, et flattent vos goûts et vos passions, cessez d'é-
couter des leçons de maîtres aussi pervers, dont les
suites en contrariant les vues sages du Gouvernement,
peuvent vous devenir funestes ; si la nature vous a
favorisés de quelques talens , formez-les , cultivez-les
pour votre avantage ; qu'ils servent un jour pour le
bien et la gloire de votre Patrie ; persuadez-vous que
si vous vous croyez appelés à changer l'ordre établi par
nos lois , d'autres se croiront aussi destinés à détruire
votre propre ouvrage ; qu'alors il n'y aura nulle stabilité dans les choses ; qu'il en résultera une confusion
générale dans nos institutions et que nous marcherons
de révolution en révolution. Que deviendront avec
un pareil système vos familles , votre fortune , votre
existence ; il ne sera plus temps de reconnaître vos
erreurs quand vous aurez tout perdu jusqu'à votre
honneur. Pensez-vous vous arrêter au point que vous
avez fixé dans votre imagination ; croyez-vous qu'il soit
possible de donner un terme aux révolutions, et de
vous assurer qu'elles n'iront que jusqu'au but que vous
vous êtes proposés. Si par votre fortune , le rang que
vous occupés dans la société , vous espérés remplir des
places distinguées , pouvez-vous penser que le Roi vous
confiera le Gouvernement de ses Peuples , qu'il mettra
ses intérêts entre les mains de ses ennemis. Ouvrez
donc les yeux sur les conséquences de vos principes ;
croyez aux sentimens désintéressés qui m'animent pour
vous faire appercevoir vos erreurs ; comme vous j'ai
été dupe de mon inexpérience et trompé par les séduisantes maximes de nos Réformateurs modernes ; j'ai vu ,

j'ai senti qu'il ne peut y avoir de vrai bonheur dans ce monde , que dans l'accomplissement de ses devoirs qui donne la paix de l'ame. Peut-on l'avoir cette paix quand on est tourmenté d'une ambition illégitime et qu'on est en opposition ouverte avec l'ordre de choses établi. Cherchés la vérité , Dieu ne l'a point cachée aux hommes : il leur a donné tous les moyens de la connaître : elle se présente tous les jours à vos yeux ; mais vous les détournés ; vos Corrupteurs ne cessent de vous dire qu'eux seuls en sont les dépositaires ; vous les en croyez sur leur parole , au lieu de chercher à vous instruire pour savoir s'ils vous trompent. Puisque vous nous dites que nous sommes au siècle des lumières , servez-vous de celles que la Providence vous a départies pour discerner le vrai du faux. Les connaissances ne peuvent s'acquérir que par de longues études et en comparant le pour et le contre. La présomption est la mère de l'ignorance , le vrai savant se défie de ses lumières , celui qui l'est véritablement à vieilli dans les études , il compare , réfléchit , il suspend son jugement jusqu'à ce que l'expérience et de plus la Religion , lui montrent la vérité : il n'y a que les sots et les ignorans qui soient dupes et sensibles à la flaterie. Jeunes Gens qui n'êtes ni l'un ni l'autre , méfiez-vous de ces vils Suborneurs , leurs paroles sont séduisantes , mais le fiel est dans leur cœur. Vous aimés dites-vous la liberté , moi aussi je l'aime , car je ne sache pas qu'il ait existé un être intelligent qui désirat d'être esclave. C'est parce que je suis un des plus zélés partisans de l'indépendance que je voudrais

coopérer

coopérer à rompre les chaînes que les Chefs Libéraux nous forgent. Quand même trente années d'expérience fussent perdues pour les Français, je le demande aux gens sensés et raisonnables, que peut-on attendre d'une Faction qui prêche ouvertemeut la révolte, qui fait incendier, bombarder et assassiner? Que peut-on espérer du résultat de leurs doctrines, si non, comme je l'ai déjà dit, une anarchie complète et un despotisme affreux. Le sang du plus vertueux des Rois, du Prince le plus magnanime, n'a pu éteindre leur humeur turbulente et désorganisatrice; il leur faut encore de nouvelles victimes. Français, de tout âge, de toute classe, qu'une seule et même opinion nous anime : que chacun, dans le rang où la divine Providence l'a placé, veille à la conservation du meilleur des Rois, de cette Famille où sont réunies toutes les vertus morales et politiques : que ce jeune Rejéton des Lys, entouré de notre amour, croisse à l'ombre de l'olivier de la paix ; que chacun se persuade bien que le salut de la France, notre liberté, nos fortunes, nos vies sont étroitement liés au sort de cette Race auguste ; que le changement de dynastie dans un grand Empire ne s'opère point sans de grandes et longues commotions. Il faut être de mauvaise foi ou bien borné, pour former le moindre doute que le parti, qui dans ce moment est en opposition avec le Gouvernement, ne travaille au renversement de la Monarchie légitime. Il ne cache point ses intentions : chaque écrit, chaque mot décèle assez ses projets. Que l'esprit de parti, que toutes les petites passions se taisent, lorsqu'il s'agit du

bonheur commun. Les honnêtes gens ne peuvent désirer que stabilité dans les lois : protéger et favoriser
une Faction qui par ses principes tend au renversement de tout ordre social, est le comble de l'im-
prévoyance. Faisons donc un faisceau redoutable de
nos volontés qui, malgré la divergence d'opinions, ne
peuvent avoir qu'un même but. Que le cri de Vive
le Roi, Vive la Charte, fasse trembler nos ennemis
qui sont aussi les ennemis de l'ordre.

FIN.

De l'Imprimerie de George-Pierre LABADIE.